De Witte Neger: Blyspel...

Louis Archambault Dorvigny

Nabu Public Domain Reprints:

You are holding a reproduction of an original work published before 1923 that is in the public domain in the United States of America, and possibly other countries. You may freely copy and distribute this work as no entity (individual or corporate) has a copyright on the body of the work. This book may contain prior copyright references, and library stamps (as most of these works were scanned from library copies). These have been scanned and retained as part of the historical artifact.

This book may have occasional imperfections such as missing or blurred pages, poor pictures, errant marks, etc. that were either part of the original artifact, or were introduced by the scanning process. We believe this work is culturally important, and despite the imperfections, have elected to bring it back into print as part of our continuing commitment to the preservation of printed works worldwide. We appreciate your understanding of the imperfections in the preservation process, and hope you enjoy this valuable book.

DE WITTE NÉGER,

BLYSPEL.

GEVOLGT NAAR HET FRANSCHE,

VAN DEN HEERE

M. DORVIGNY.

DOOR HET GENOOTSCHAP,

ONDER DE SPREUK

SINE LABORE NIHIL.

Te AMSTELDAM,
By ALBRECHT BORCHERS,
in de Gasthuismoolen Straat, by de Heere Gragt.
MDCCLXXVII.

VOORBERICHT.

Dit Blyspel, dat wy onze Tooneelminnende Landsgenooten als een Tweede Stuk af vertaaling aanbieden, is door den Franschen Dichter den Heere Dorvigny zeer regelmaatig behandeld: zyn NÉGRE BLANC heeft ons in deszelvs Lezing zo wel voldaan; dat wy niet konde nalaaten, hem (niet in een ander gewaad te kleeden; want hy is in Amsteldam zo wel een Néger uit Africa, als in Parys, maar hem Neêrduitsch te doen spreeken. De vriendelyke beoordeeling der Heeren Schryveren der nieuwe Vaderlandsche Letteroeffeningen over onze OLIVIA gedaan; zyn wy niet ondankbaar voor; alleenig geeven wy in overweeging, of OLIVIA de lydende Persoon in dat stuk zynde, niet in haar gedrag; hoe sterk door de valscheid van Bardonia vervolgt; een standvastige Deugd doed uitblinken: en dus ons gezegde billykt? oordeelt men als nog van neen, men zal evenwel toestemmen dat schoon beide stukken dan niet tot de zedelyke Tooneelspellen behooren, zy echter niet onder de Zedebedervende kunnen vermengt worden.

Verders achten wy niets meer noodig te berichten, dan dat kundige in de Fransche taal onze gemaakte veranderingen moogen toetzen; en druk en spelfouten over 't hoofd zien: en dus doende zich dat vermaak bezorgen, dat wy alle onze Lezers toewenschen.

SINE LABORE NIHIL.

PERSOONEN.

Mevrouw SIMPLEX, *Moeder van Angelica.*

ANGELICA.

VALERIUS, *Minnaar van Angelica.*

DEFAUT, *Procureur.*

LISETTE, *Kamenier van Angelica.*

KRISPYN, *Knegt van Valerius.*

Het Tooneel is in Parys.

DE WITTE NÉGER,

BLYSPEL.

EERSTE TOONEEL.

Het Tooneel verbeeld een Zaal, in het Huis van Mevrouw Simplex.

LISETTE, KRISPYN.

LISETTE.

Waarlyk, myn Heer Krispyn, ik moet bekennen dat het begin heel aangenaam is.

KRISPYN.

Ontaarte!

LISETTE.

Gy eerd my al te veel.

KRISPYN.

Verraaderes!

LISETTE.

Vaart voort met my te vleiën!

KRISPYN,

Ongetrouwe!

De WITTE NÉGER,

LISETTE.

Is het dan om my alle deze zoete woordjes te zeggen dat gy van *America* te rug gekoomen zyt?

KRISPYN.

Ik kom daarom alleen van het uiterste einde der Wereld hier, om u uwe trouwloosheid te verwyten.

LISETTE.

Maar tegen wie drommel hebt gy 't? wat wilt gy zeggen?

KRISPYN.

Ondankbaare! Daal in de diepste schuilplaatzen van uw ziel; ondervraag uw geweeten, en zie of uw hart zich gerust kan houden, en niet zal bloozen op de beschouwing van het myne.

LISETTE.

Weet gy wel, myn Heer Krispyn, dat na alle deze buitensporigheden die gy my gezegt hebt, myn geduld ten einde is; weet gy ook wel, dat als men na een afzyn van een Jaar, wederkomt, het aan de vrouwen staat om het eerste te kyven; en dat het onbegrypelyk is, dat zulk een baviaan als gy zyt my de mond wil fluiten; en.....

KRISPYN, *(op een zachter toon.)*

Zachtjes, Mejufvrouw, zachtjes. Als wy alle beiden te gelyk schreeuwen, zullen wy elkander niet meer kunnen verstaan. Laaten wy ons met meerder zachtzinnigheid verklaaren.

LISETTE.

Ha! myn Heer begint redelyk te worden! wel nu! mag men heeden de oorzaak van die beleefde welkomstgroet weeten, waar mede gy my vereerd hebt? wat doet uw Meester? waar is hy?

KRISPYN.

Myn Meester is hier naby in een Herberg, alwaar hy zich vermaakt in de wanhoop!

LISETTE.

Een schoone bezigheid! maar apropo wat is de oorzaak van deze wanhoop?

KRISPYN.

Apropo?..... de ongetrouwheid van uw Meestresse.

LISETTE.

Eilieve! wie heeft u gezegt dat myn Meestresse ongetrouw is?

KRISPYN.

Wie? die vind ik waarachtig zoet, de gantsche buurt die van niets anders spreekt dan van haar huwelyk met een zeker Heer..... die zonder twyfel, ook een Knegt heeft, de snaak verhaalde u zulks waarschynelyk; en gy trouwlooze, gy hebt het aangehoord; en zie daar in eene slag twee ongetrouwe voor een!

LISETTE.

Ach! hoe wel zoud gy zulks waardig zyn!

KRISPYN.

Op deze tyding wilde myn Meester wederom naar *Cina* vertekken, en zich onderweg verzuipen; maar, gelyk ik een man van verstand ben, gaf ik hem een uitmuntende raad.

LISETTE.

En waarin bestond die schoone raad?

KRISPYN.

Dat was, beiden hier te komen en aan al de Wereld het dubbelde verraad te toonen dat men aan ons pleegden; ieder zyn Medeminnaar dood te slaan; ieder onze Matres te verworgen, en daarna ons beiden uit wanhoop op te hangen.

LISETTE.

Men moet toestemmen dat ik wel dwaas ben van alle uwe zotternyen aan te hooren....... en zo ik u in twee woorden kan bewyzen dat uwe tydingen, uw Meester, en gy, redenloos zyn?.....

KRISPYN.

Zo gy dat doen kund, wil ik u alles vergeeven. Laat ons hooren, spreek op.

LISETTE.

Weet dan dat zedert u vertrek naar *America*, alles hier van gedaante veranderd is. Voor eerst staan wy niet meer onder het bestuur van Mevrouw Argantes, Tante van Angelica, by wien uw Meester toegang had......

KRISPYN.
Hoe! is zy dan dood?
LISETTE.
Neen, maar myn Heer Simplex, Vader van Angelica, die met zyne Gemalin op het land woonden, is overleeden. Zyn weduwe te ryk zynde om den handel te laaten vaaren, is in *Parys* te ruggekoomen, en zy is het die tegenwoordig hierin dit Huis woond.
KRISPYN.
Heerlyk! maar dit alles zegt noch niets van dien minnaar.
LISETTE.
Indien gy my telkens in de rede valt zal ik 'er nooit op komen.
KRISPYN.
Wel nu, maakt het dan kort.
LISETTE.
Maar om dat zy in de Koophandel onkundig was, nam zy een Procureur om haar zaaken te fchikken......
KRISPYN.
Een Procureur om haar zaaken te fchikken!
LISETTE.
De rykdom van de Moeder, en de behoorlykheid van de Dochter bewoogen zyn Ziel......
KRISPYN.
Ha! ha! ha! de Ziel van een Procureur!

LISETTE.

Hy heeft Angelica ten huwelyk verzocht. De moeder heeft het toegeftaan; maar Angelica, om zich voor uw Meester te bewaaren, heeft dikwils om uitftel aan Mevrouw Simplex verzocht, dus heeft men het zelve van dag tot dag vertraagd. In 't kort, de Procureur heeft in deze daagen een brief van *Turin* ontvangen waar in men zyne tegenwoordigheid in een zekere rechtzaak verzoekt, men is overeengekomen om het huwelyk tot zyne terugkomt uit te ftellen, en hy is gisteren vertrokken.

KRISPYN.

En zyn Knegt?

LISETTE.

En zyn Knegt is veel beleefder dan gy; en gy zult welhaast maaken dat ik hem zal beklaagen.

KRISPYN.

Oei! dat verzagt een weinig. Ik voel de kalmte in myn ziel herleeven..... Maar, de Drommel! dat zal onze zaaken ten agteren zetten. e e. Mevrouw Simplex, Moeder van Angelica, heeft myn Meester nooit gezien; en als zy te weeten komt dat hy byna niets in de wereld heeft, zal zy hem nimmer haar dochter willen geeven........ maar welk een flag van een vrouw is zy?

LISETTE.

O! zy is van een moeilyke inborst. Zachtzinnig in

in schyn, maar de Duivel gelyk wanneer men haar tegenspreekt; zy wil alles weeten; zy spreekt van alles zonder eenig overleg; daarenbooven heeft zy een krankzinnigheid die alles overtreft, een zucht tot zeldzaamheden; haar vermaak bestaat in een kabinet met wonderen der Natuur, om welke te verkrygen zy zich zelve te Gronde helpt, terwyl zy aan haar Dochter naauwlyks een lint wil geeven.

KRISPYN.

Op dien voet moet zulks een slecht leven voor uw beiden zyn.

LISETTE.

Zo slecht niet eens als gy denkt. Wy neemen haar zwakheid waar...... Wanneeer wy begeerten hebben, tot een waijer, een muts, of eenige andere noodzaakelykhedens, volgen wy haar in heur vertrek; wy roemen haar schelpen, haar voogels, haar visfen; en doen haar honderd belachelyke vertellingen; wy sprecken te saamen de tyd van een uur, over een witje, over een vliegje. ..... Zy is bekoord door het zien dat wy even denken als zy; en, tot erkentenis, voor de Achting die wy verbeelden voor haar smaak te hebben, verkrygen wy eenige noodzaaklykheden tot ons gebruik.

KRISPYN.

Die behendige Moeder!.... maar waarlyk men kon een gelegenheid uit deze hoedaanigheden trekken.

LISETTE.

Denk niet om te fcherfen. Daar is niets dan dit eenige middel. Alzo zy van een onbegrypelyke lichtgeloovigheid is, wanneer men haar van rariteiten fpreekt, en booven alles van reizen ter Zee, kan men met haar doen wat men wil..... Ja zelf de oorzaak dat het huwelyk van de Procureur met haar Dochter noch geen voortgang genoomen heeft, is om de weinige liefde die hy voor haar fchelpen betoond te hebben, en dat ons tot een dekmantel gediend heeft.

KRISPYN.

Zie daar iets dat zeer gelukkig is. Dit geeft my een goed denkbeeld. Men moet haar myn Meester aanbieden, als een nieuw-gierige Reiziger, een Kapitein van een Schip die haar kabinet komt zien. Hy heeft verftand: haar fmaak vleiênde, en haar zo wat fprookjes verhaalende, zal hy mogelyk wel tot het einde komen van zich te doen beminnen, en de gelegenheid zal het overige volvoeren.

LISETTE.

Die gedachten zyn goed; maar draag wel zorg; want zo zy uw Meester mistrouwd, zal hy geen gelegendheid kunnen bekomen om Angelica te fpreeken; zy zal hun zo wel befpieden..... het was beeter dat gy..... maar ik hoor iemand komen..... het is Mevrouw Simplex.

KRIS-

BLYSPEL.

KRISYN.

Hoe zal ik my met haar inwikkelen?

TWEEDE TOONEEL.

Mev. SIMPLEX, LISETTE, KRISPYN.

Mev. SIMPLEX.

Lisette heeft men my die witte Muis nog niet gebragt.... (*Zy word Krispyn gewaar.*) Maar, wat is dat voor een Man?

LISETTE.

Het is.....

KRISPYN, (*zich buigende.*)

Mevrouw, ik ben uw dienaar.

Mev. SIMPLEX.

Ha! het is mogelyk om die Schelpen.....

KRISPYN.

Neen, Mevrouw..... ik ben.....

LISETTE.

Het is een..... Kapitein van een Schip......

Mev. SIMPLEX.

Een Kapitein van een Schip! en dan op zulk een wys gekleed?

LISETTE.

Ja, myn Heer is een Vreemdeling. Hy is een Spaanfche Kapitein, die de Nieuwsgierigheid......

Mev. SIMPLEX.

Een Spanjaard! ha, myn Heer! ik ben uw onderdaanige dienaresfe.

KRISPYN.

Mevrouw, uw onderdaanige dienaar..... Ja, het is van weegens de......

Mev. SIMPLEX, *(met een bly gelaat.)*

Ha! myn Heer is Kapitein van een Schip?.....

KRISPYN.

Ik? Neen, het is......

LISETTE, *(stil tegens Krispyn, ziende dat haar Meestres in misverstand is.)*

Zeg ja......

Mev. SIMPLEX.

Een Koopvaardyschip?

KRISPYN.

Neen, Mevrouw, het is......

LISETTE, *(stil tegens Krispyn.)*

Zeg dan ja.....

Mev. SIMPLEX.

Van een Oorlogschip?

LISETTE, *(stil tegens Krispyn.)*

Ja. *(Overluid)* ja.

KRISPYN.

Ja. *(stil tegens Lisette.)* Maar wat drommel!... Ja Mevrouw ik ben Kapitein van een Oorlogsschip Ik kom van Mexico en ben noch in Uniform gelyk gy Ziet.... hoe vind gy zulks?

Mev.

Mev. SIMPLEX.

Uitneemend, myn Heer, uitneemend.

LISETTE.

Ja zelvs zeldzaam.

Mev. SIMPLEX.

Lisette, geef een Stoel aan myn Heer de Kapitein.

KRISPYN.

Mevrouw, het is de moeiten niet waardig.

Mev. SIMPLEX.

Myn Heer, ik verzoek het u.

KRISPYN.

Zonder Cermony.

LISETTE, *(stil tegens Krispyn.)*

Zet u dan neder.

Mev. SIMPLEX.

Wat bliefje?

LISETTE.

Ik zeg aan myn Heer de Kapitein dat hier zyn Stoel is.

Mev. SIMPLEX, *(gaat zitten.)*

Ik geloof dat *Mexico* een schoone Landstreek is?

KRISPYN, *(zittende.)*

O! ik kan u zeggen, het is een Land.... daar ik zeer veel fraaie dingen gezien heb.

Mev. SIMPLEX.

Ik geloof het wel. Doet my dan een kleine beschryving; dat moet zeer zeldzaam zyn. Is het niet
dat

dat Gewest, waarin men zegt dat Reufen zyn, Goudmynen, en.. ...

KRISPYN

Juist, Mevrouw, men ziet daar Goudmynen.

Mev. SIMPLEX.

O! ik heb een klein denkbeeld van dit alles. Maar zeg my eens een Goudmyn, hoe is die gemaakt?

KRISPYN.

Hy is gemaakt.... gelyk men zegt.... Hebt gy geen Steengroeven gezien?

Mev. SIMPLEX.

O ja, te *Montmartre*.

KRISPYN.

Wel nu, het is byna dezelve zaak.

LISETTE.

Ja, behalven dat men 'er, in plaats van Steenen Goud uit graaft.

Mev. SIMPLEX.

Dat moet waarlyk een ryk land zyn. Zo ik een Man was, ik zou 'er van ftonden aan naar toe gaan. Ik heb overlang deze begeerte al gehad; maar de Zee.... de Zee is een fchrikkelyke zaak. Is het zo niet, myn Heer de Kapitein?

KRISPYN.

Mevrouw, het is volgens.... Ik zou u raaden een klein reisje te doen.....

LISETTE.

Ja, gy zoud u voordeel doen met een fchoone tyd, en gy zoud ons hier laaten.....

Mev. SIMPLEX.

O! ik zou 'er my niet op betrouwen. De Zee is tegenswoordig vreedzaam; maar, in een oogenblik, fteekt 'er een onweeder op: uw onderdaanige dienaresfe. Ik heb zeer dikwils in boeken geleezen van lieden die Schipbreuk geleeden hebben.... en dan de Wind.... en dan de Zee.... en dan een ysfelyke ftorm.... en dan het Schip dat zich tegens een Rots te bersten ftoot, waar door zy alle verdrinken.... alleenig maar op het leezen van dit alles, ryst my het hair te bergen.

LISETTE.

Men moet ook alle zaaken niet van de ergfte zyde befchouwen.

KRISPYN.

Neen, zonder twyfel, men is altoos niet ongelukkig. Ik by voorbeeld, heb vyf of zesmaal een reis rondom de Wereld gedaan, en ik ben gereed dezelve wederom te hervatten.

Mev. SIMPLEX.

Gy hebt dan zekerlyk veele Landen bezichtigd?

KRISPYN.

O! fchrikkelyk!

Mev. SIMPLEX.

Gy moet dan ook zeer veele zeldzaame zaaken van uwe reizen kunnen verhaalen.

LISETTE, (*om Krispyn in zyn overleggen te hulp te koomen*)

Ongetwyfeld.

KRISPYN.

Ja, Mevrouw, zeer veel.

Mev. SIMPLEX.

Hebt gy dan van die groote Zeevisſen gezien, die men noemt.....

KRISPYN.

Walvisſen?

Mev. SIMPLEX.

Neen, het zyn....

LISETTE.

Meerminnen?

Mev. SIMPLEX.

Neen, neen, het zyn.... Daar is niets dat zo zeldzaam is. Het zyn.... het zyn Zee....

KRISPYN.

Zeekalven?

Mev. SIMPLEX.

Neen, het zyn.... het zyn Zeemannen. Ik heb in een zeker boek geleezen, op wat plaats zy zich onthouden; maar het is heel zeldzaam! indien ik 'er een kon krygen, was myn Kabinet volmaakt.

LISETTE, (*om Krispyn te waarſchouwen.*)

Het zal een ſchoone zaak zyn, zo myn Heer 'er een mede gebragt heeft!

Mev.

Mev. SIMPLEX.
O! ik zou u al geeven wat gy eischte.
KRISPYN, (*op een hoogmoedige toon.*)
Mevrouw, ik heb geen Zeeman mede gebragt; maar ik heb een zaak die mogelyk nog zeldzaamer is.

Mev. SIMPLEX.
Is 't mogelyk?

KRISPYN.
Hebt gy by geval ook geleezen dat in.......

Mev. SIMPLEX.
Of ik geleezen heb? ha! ik kan u zeggen, dat ik alle Reisbefchryvingen en Boeken die over zeldzaamheden handelen, doorleezen heb...., apropo ik wil u myn Bibliotheek laaten zien; zy is geheel nieuw.

LISETTE, (*om Krispyn wederom op zyn ontwerp te brengen.*)
Wel nu! myn Heer de Kapitein?

KRISPYN.
Ik vroeg aan Mevrouw of zy geleezen heeft dat in een zeker gewest geleegen in *Africa*, en door Négers bewoond, het fomtyds, door een foort van Wonderwerk, gebeurd dat 'er kinderen ter Wereld komen die geheel wit zyn, even als of zy in Vrankryk gebooren waaren, en die nooit zwart worden.

Mev.

Mev. SIMPLEX.

Ja, ik heb zulks wel geleezen; maar ik heb het altoos aangemerkt als een Fabel.

LISETTE.

O! Mevrouw! indien het gefchreeven is, is het geen Fabel; maar men moet het gelooven.

KRISPYN.

Als een Fabel! Mevrouw!.... ik heb zulks voor dezen ook gedacht gelyk gy; maar myn eigen oogen hebben my van de waarheid overtuigd, en ik heb 'er één met my mede gebragt die de verwondering van heel *Parys* uitmaakt.

Mev. SIMPLEX.

Een Witte Néger!

KRISPYN.

Ja, een Witte Néger.

LISETTE.

O! dat moet een verwonderingswaardige zaak zyn!

Mev. SIMPLEX.

Ik zou wel begeerig zyn om hem te zien..... en welke taal fpreekt hy?

KRISPYN.

Welke taal? (*ter zyde.*) De drommel hoe lieg ik verder!.... (*overluid*,) hy fpreekt niet.

Mev. SIMPLEX.

Hoe, fpreekt hy niet!

KRISPYN.

Neen, Mevrouw. Dit is noch eene byzonderheid booven alles. Dit foort van Menfchen is gemeenlyk ftom en doof.

Mev. SIMPLEX.

Stom en doof? dat is byzonder.

KRISPYN.

Ja, Mevrouw; de geweldige omloop van het bloed is oorzaak dat.... de Natuur, doende een pooging om..... veranderd de kleur..... verzwakt van een andere kant; zo dat..... de zamenvoeging ontbreekt..... en daar uit volgt..... dat deze lieden ftom zyn.... zy kunnen niet fpreeken.

LISETTE.

Dat is wonderlyk.

Mev. SIMPLEX.

Het geen gy my gezegt hebt vermeerderd myn nieuwsgierigheid; zo ik u dorst verzoeken.....

KRISPYN.

Hoe! gy fpot Mevrouw, ik zal hem gaan zoeken, zeer bekoord zynde deze gelegenheid gevonden te hebben om kennis met u te maken, en u te bewyzen dat.... in zaaken van Nieuwighedens.... en van Zeldzaamheden.... Zekerlyk Mevrouw..... ik zal hem u op 't oogenblik brengen.

DERDE TOONEEL.

Mev. SIMPLEX, LISETTE.

Mev. SIMPLEX.

Wat zegt gy daar van Lisette? zie daar een buitengemeene zaak! een Witte Néger!

LISETTE.

Ongemeen, Mevrouw! Het is een onbetaalbaare zaak. Gy moet hem zien te krygen, tot welk een prys het ook zy. Het zou het alleruitmuntendste stuk in uw Kabinet zyn.

Mev. SIMPLEX.

Gy hebt gelyk. Ik zal hem alle myne zeldzaamheden laaten zien, en zo 'er eenige zyn die hem kunnen behagen, zal ik hem voorslaan een ruiling te doen.

LISETTE.

Zie daar een gelukkige gelegenheid; gy moet 'er u van bedienen. Daarenboven schynt deze Kapitein een heel beleefd man te zyn.

Mev. SIMPLEX.

Deze zaak zal heel *Parys* naar my toe trekken. Maar in 't begin zullen wy hem ieder een niet laten zien.

LISETTE.

Men moet hem wel verborgen houden. (*ter zyde.*) Ik zal 'er evenwel het gezicht van hebben.

Mev.

BLYSPEL.

Mev. SIMPLEX.

Ga alles binnen in gereedheid brengen; en ik zal hier de Kapitein opwachten.

LISETTE, (ter zyde in 't heengaan.)
Goed! ik zal myn Meestresse voorkomen.

VIERDE TOONEEL.

Mev. SIMPLEX, (alleen.)

Laat men my tegenwoordig eens zeggen dat al wat men leest van vreemde Landen, niets dan Fabelen en droomen zyn! Zie hier in tegendeel het bewys dat alles waarheid is, het geen men zegt van de Wilden, van de Zeemannen en van de Turken!.... ha! Zo ik over Zee gereisd had, zou ik van dit alles met voordagt medegebragt hebben.

VYFDE TOONEEL.

Mev. SIMPLEX, DEFAUT, (met zyn eene arm in een sluijer.)

Mev. SIMPLEX.

Hoe! zyt gy 't myn Heer Defaut? nog te *Parys*? ik dacht dat gy alreeds te *Turin* waard?

DEFAUT.

Op myn Eer, Mevrouw! ik zou 'er reeds geweest zyn, zonder een ongelukkig toeval dat my onderweg gebeurd is.

Mev. SIMPLEX, (*op een Nieuwsgierige toon.*)

Een toeval! Maar waarlyk gy hebt uw arm in een fluijer, zou hy gebrooken zyn?

DEFAUT.

Neen, hy is ongelukkiglyk, niet dan gekwest. Ik ben vry gekomen met hier en daar wat gefchaaft te zyn, en eenige builen in 't hoofd.

Mev. SIMPLEX.

Ongelukkiglyk?

DEFAUT.

Ja, parbleu! zo ik myn arm gebrooken had, zou deze zaak my tien duizend Guldens waardig geweest zyn; maar, men moet geduld neemen, ik heb de zaaken zodanig gefchikt dat alles toch niet zal verlooren zyn.

Mev. SIMPLEX.

Maar, waarlyk, dit moet een ongemeen geval zyn.

DEFAUT.

Gy weet wel dat men my een Draagftoel aangebooden heeft? ik heb hem aangenoomen, dat zeer natuurlyk is, om dat zy my niets kosten; maar ik ben te weeten gekoomen dat zy aan een man toebehoort dien ik een Proces heb doen verliezen.

Mev. SIMPLEX.

't Gaat wel!

DEFAUT.

Het is een pots die men my heeft gefpeeld. Alles

Alles was gereed; de Voerman was betaald; ik had my onnozel overgegeeven gelyk een arm schaap, zonder op kwaad te denken. Ik had my opgeslooten in de Stoel, en wy vertrokken. Nauwelyks hadden wy een myl weegs afgelegd, of krik krak, braaken de veeren; de Stoel viel op de grond; de Voerman en de Paarden namen gelykelyk het bit tusschen de tanden, en sleepten de Rosbaar die het onderste boven tuimelde weg; ik had daar in goed schreeuwen, alles was doof. Men heeft my op deze wys byna een vierde van een myl gesleept; eindelyk is de Draagstoel met my in een waagenspoor blyven leggen; en ik zou daar in de heele nacht hebben moeten doorbrengen, zonder de bystand van eenige Boeren die my half geraabraakt daar uit trokken, om my naar een Wondheelder te brengen. Maar, parbleu! ik heb niet willen toestaan dat men my verbond, voor dat ik eerst een goed Proces Verbaal opgesteld had, waar in ik wel strengelyk de Meester, de Voerman en de Paarden beschuldigd heb..... O! zulke zaaken gaan ver, dat kan ik u verzekeren.

Mev. SIMPLEX.

Maar, waarlyk! dit zou u een goede schaadelooshouding te weeg kunnen brengen, en op deze wys, zou zulks een gelukkige val voor u zyn geweest. Maar, gy kunt niet beter van pas komen als nu.

Daar zal my hier een zaak voorkomen, de allerzeldzaamfte die gy ooit gezien hebt.

DEFAUT.

Gy denkt dan altoos op uw zeldzaamheden?

Mev. SIMPLEX.

Ieder heeft zyn vermaak; het uwe beftaat in zonder ophouding aan Rechtzaaken te denken, het myne om my de geest te verfieren door de beoeffening en de kennis van de wonderen der Natuur.

DEFAUT.

Op myn eer, Mevrouw, ik weet niets dat beter is dan zyn zaaken te kunnen verdedigen, en, in geval van noodzaakelykheid, die van andere aan te vallen. Daar zyn geene Schelpen die in waarde by deze wetenfchap kunnen ophaalen.

Mev. SIMPLEX.

Gy zegt zulks, om dat gy niet weetgierig zyt; maar zo gy gezien had.....

DEFAUT.

Niet weetgierig, Mevrouw! in tegendeel, ik ben zulks meer dan een ander geweest; maar ik heb zo veele zaaken gezien, dat ik tegenwoordig niets meer vind dat verwonderingswaardig is. Weet gy wel dat ik jong zynde, een reis over Zee gedaan heb?

Mev. SIMPLEX.

In ernst?

DEFAUT.

Ja, parbleu! Ik heb tot in de Nieuwe Wereld toe

toe geweest .... wy hebben op myn eer, een harde ftorm uitgeftaan..... fpreek my daar van! by voorbeeld, dat is zeldzaam. Wy hebben twintigmaal in gevaar geweest.... door de ysbanken, die wy ontmoet hebben..... en bakboord, en ftuurboord, en agter de wind..... O! ik weet al die fpreekwyzen; maar, federt dat ik my tot de Praktyk begeeven heb, heb ik dit alles verzuimd.

Mev. SIMPLEX.

Maar gy hebt daar niet wel aan gedaan, het is altoos aangenaam te weeten ..... maar, hebt gy, by geval, geen Witte Négers gezien?

DEFAUT.

Witte Négers! ô Voorzeker..... Ze zyn als.... Witte Négers..... Op de Chineefche Papieren kan men ze zien.

Mev. SIMPLEX.

Wel nu! daar zal 'er aanftonds een hier komen; het is een Scheeps Kapitein die hem my brengen zal.... Maar, zie daar is hy reeds.

ZESDE TOONEEL.

Mev. SIMPLEX, DEFAUT, KRISPYN, VALERIUS, (*gekleed als een Néger, met een Pylkooker en een halsband, enz.*)

KRISPYN.

Mevrouw, ik kom, volgens uw bevel, te rug.....
(*Hy word de Procureur gewaar, en zegt ter zyde,*)
Maar, welk een figuur is dat? (*Hy befchouwt hem met ongerustheid.*)

Mev. SIMPLEX.

Uw dienares, myn Heer de Kapitein: wel nu! uw Néger, waar is die?

KRISPYN.

Hier is hy, Mevrouw.

Mev. SIMPLEX.

Hoe! is hy dat? maar, hy is geheel wit!

KRISPYN.

Zonder twyfel. Het is, gelyk ik u gezegt heb, een Witte Néger; maar myn Heer? (*Hy wyst op de Procureur.*

Mev. SIMPLEX.

Dat is een van myn Vrienden. Myn Heer is een kenner.

KRISPYN.

Een kenner! zo veel te beter. (*ter zyde.*) zo veel te flimmer parbleu!

Mev.

Mev. SIMPLEX.

Waarlyk, zie daar iets dat verwonderenswaardig is! Zie daar, myn Heer Defaut; men zou zweeren dat het een mensch was, gelyk gy of ik, (*zy beziet hem met aandacht.*) het zyn dezelfde trekken, dezelfde zwier, dezelfde geftalte.... ik zelv, zo ik niet wist wie hy was, zou wel willen wedden dat by een blanke is.

KRISPYN.

Ik geloof het wel. Daar zyn wel anderen, die zich daar in bedriegen.

Mev. SIMPLEX.

Het is wonderlyk!... In welk Gewest, zegt gy, dat ze gebooren worden?

KRISPYN.

In *Africa.*

Mev. SIMPLEX.

Dat moet een byzonder Gewest zyn, om Négers, gelyk deze, te kunnen voortbrengen? Wat zegt gy 'er van, myn Heer Defaut?

DEFAUT.

Maar, Mevrouw, men ziet dagelyks dingen die nog veel zeldzamer zyn dan deze.

Mev. SIMPLEX.

Hoe! nog zeldzamer?

KRISPYN.

Myn Heer heeft dan ook gereisd?

DEFAUT.

Of ik gereisd heb? ha, parbleu! ik ben een Zeeman in myn hart geweest, zodanig als gy my hier ziet..... maar de Studie is veel voordeeliger, en, op myn eer, het Geld boven alles.

KRISPYN.

Ik geloof het wel, myn Heer.... maar de Fransche Zee is niets; het is de Spaanfche Zee die men zien moet.

Mev. SIMPLEX.

Dat moet wonderlyk zyn.

DEFAUT.

Tegen wien fpreekt gy van Spanje!... Ik ken Spanje zo goed als ik u ken. Ik ben geweest te *Cadix* ... Dat is een heerlyk Land; is het niet waar, myn Heer de Kapitein?

KRISPYN.

Dat is zonder tegenfpraak.

DEFAUT.

Die Vlaktens, die zich zo ver uitftrekken als men zien kan!.....

KRISPYN.

Die Rotzen, op den Oever van de Zee!...

DEFAUT.

Die Bergen doen een fchoon uitwerkzel.....

KRISPYN.

En die Schepen maaken een uitmuntend gezicht uit....

DEFAUT.

En die Oevers.... ei.... die.... op myn eer, het is een schoone Stad! Daar is 'er geen in Vrankryk die daar by haalen kan.

KRISPYN.

O! daar is niets beter dan het reizen, om de Wereld te leeren kennen.

Mev. SIMPLEX.

Het geen gy zegt is waar.... ik heb ook zedert dat ik van *Turin* te rug gekomen ben, reeds alle de omleggende Plaatzen van *Parys* bezichtigd; dit regeld ten minsten het verstand.

KRISPYN.

Zonder twyfel! het geeft kennis.

Mev. SIMPLEX.

Ik wil eens zien wat myn Dochter en Lisette van uw Néger zullen zeggen.... ik wed dat zy zich zullen bedriegen.

KRISPYN.

Zonder twyfel, men moet 'er van overtuigd zyn.

Mev. SIMPLEX.

Wy zullen zien. (*Zy roept.*) Lisette! Lisette! Angelica!

ZEVENDE TOONEEL.

Mev. SIMPLEX, DEFAUT, KRISPYN, VALERIUS, ANGELICA, LISETTE.

LISETTE, *(in het inkomen tegen Angelica.)*
Goed! het is Valerius.... *(overluid.)* Wat blieft u, Mevrouw?

Mev. SIMPLEX.
Nader, Angelica; en gy Lisette, beschouw..... kom, zeg my eens wat gy daar ziet. *(Zy wyst op Valerius.)*

ANGELICA, *(op een eenvoudige Toon.)*
Moeder, het is.... één Man.

KRISPYN *(tegen Mev. Simplex met een gemaakte houding.)*
Zy raad het niet.

Mev. SIMPLEX. *(tegens Krispyn.)*
Zeer goed! *(tegen Angelica.)* Maar nog eens....

ANGELICA.
Maar, het is.... *(Hier maakt de Procureur een beweeging die hem ontdekt.)*

LISETTE, *(hem gewaar wordende roept.)*
Ach! zie hier de zwaarigheid!

ANGELICA, *(die hem mede gewaar wordt.)*
O! Hemel!

Mev. SIMPLEX.
Hoe dan? wat is 't?

LISETTE.

Myn Heer de Procureur!

KRISPYN, (*ter zyde met groote verbaastheid.*)

De Procureur! dat is een duivels geval!

DEFAUT (*tegen Angelica.*)

Gy dacht my mogelyk zo haast niet weder te zien Mejufvrouw?

ANGELICA.

Waarlyk, neen, myn Heer.

LISETTE.

Mag men de oorzaak weeten die u weder te rug doet keeren?

DEFAUT.

De oorzaak is een val die ik onderweg gedaan heb.

KRISPYN, (*ter zyde.*)

Ik wenschte dat gy den hals gebrooken had!

Mev. SIMPLEX.

Wy zullen daar nader over spreeken.... (*Wyzende op Valerius.*) Wel nu! Angelica, zeg dan wat het is dat gy daar ziet.

LISETTE.

Maar, het is een Man gelyk andere, gelyk myn Heer de Kapitein.

KRISPYN, (*tegen Mev. Simplex, met een gemaakte zwier.*)

Zy twyfelt 'er niet aan.

Mev.

Mev. SIMPLEX.

Ziet gy wel myn Heer Defaut!..... en gy, myn Dochter, wat zegt gy 'er van?

ANGELICA.

Ik, Moeder! het zelvde.

Mev. SIMPLEX.

Ha! ik zou het gewed hebben. Ha! ha! ha! gy zegt dat dit een Man is, niet waar? een blanke?

ANGELICA.

Ja, Moeder.

LISETTE.

Men hoeft niets dan zyn oogen noodig om zulks te zien.

Mev. SIMPLEX.

Wel nu! gy raad het geen van beiden.... *(met nadruk.)* het is een Néger. Ha! ha! ha! *(Zy lacht nog meer dan te vooren.)*

ANGELICA en LISETTE, *(veinzende de grootste verwondering.)*

Een Néger!

Mev. SIMPLEX.

Ja, maar, de drommel! het is niet gemeen. Het is een Witte Néger. Hy komt uit *Africa*. Het is myn Heer de Kapitein dien hem mede gebragt heeft.

KRISPYN.

Ja, Mejufvrouw, tot uw dienst. *(stil tegens Lisette.)* en de Procureur?....

LISETTE, (*stil tegen Krispyn.*)

Zwyg dan. (*overluid.*) Dat is een zeer zeldzaame zaak! maar zie dan, Mejufvrouw, wie zou niet twyfelen dat dit een Néger is?

ANGELICA.

Zonder twyfel iederéén.

DEFAUT.

Op myn eer, ik, zou my niet bedriegen.

Mev. SIMPLEX.

O! gy kend alles, myn Heer Defaut.

DEFAUT.

Maar, ten naasten by.

KRISPYN.

Myn Heer heeft zeer veel gezien!

Mev. SIMPLEX.

Voor my ik stem toe, ik ben 'er door betoverd ter goedertrouw.... maar, ziet gy wel Angelica, dat hy zo leelyk niet is als andere Négers; hy is welgemaakt, van een aardige gestalten! zeg toch hoe gy hem vind?

ANGELICA. (*).

Heel Fraai, Moeder.

Mev.

(*) *Om de gesteltenis van de gewaande Néger minder onaangenaam te maaken voor hem en voor de aanschouwers, moet Lisette, onder voorwendzel van uit nieuwsgiertgheid hem van digter by te beschouwen,*

Mev. SIMPLEX.
Men zegt dat hy de kwaal heeft van niet te kunnen spreeken.

LISETTE.
Het is wel ongelukkig dat hy stom en doof is.

Mev. SIMPLEX.
Zeker! maar, het is de schikking van dat Land zo.... het is de Natuur... de kleur... en vervolgens de taal..... het is myn Heer de Kapitein die dat alles uit kan leggen.

ANGELICA.
Hebt gy hem gekogt, Moeder?

LISETTE.
Myn Heer de Kapitein zal wel andere vinden: Hy moest u deze afstaan.

Mev. SIMPLEX.
Ach! myn Heer de Kapitein....

KRISPYN.
Mevrouw zo het u vermaak kan doen, kunt gy over hem beschikken.

Mev. SIMPLEX.
Het is al te veel beleefdheid.

KRISPYN.
Al het geen ik u heb aan te beveelen, is, hem wel naderen, en zo dikmaals met hem spreeken als de gelegenheid zulks toelaat; dit stomme spel geeft meer glans aan het Tooneel.

wel te onthaalen, en achting voor hem te hebben, want het is een Man van rang op zyn wyze, zodanig als gy hem ziet; het is de Zoon van een der Koningen van dat Gewest, gy moet hem niet veel doen arbeiden.

Mev. SIMPLEX.

Gy fpot 'er mede, arbeiden! ik ben zulk een flegthoofd niet, ik wil dat hy op zyn wenk zal gediend worden, en dat hy niet meer zal doen, dan hy zelf wil. Angelica, Lifette, ik belast u zorg voor hem te draagen.

LISETTE.

Laat ons maar begaan, hy is in goede handen.

Mev. SIMPLEX.

Myn Heer de Kapitein, ik verzoek u myn Kabinet te komen zien; en zo eenige zaak u kan behaagen, doet my het vermaak van dezelve aan te neemen.

KRISPYN.

Al wat u behaagt, Mevrouw. (*Zy vertrekken, Krispyn geeft de hand aan Mevrouw Simplex, en draaid het hoofd om, om een teken aan Lifette en Valerius te geeven, van zich te bedienen van het afzyn van de Moeder.*)

DE WITTE NÉGER,
AGTSTE TOONEEL.

ANGELICA, VALERIUS, DEFAUT, LISETTE.

LISETTE, (*tegen de Procureur.*)

Wilt gy hun niet vergezelfchappen myn Heér?

DEFAUT.

Neen, ik heb zulks meer dan twintigmaal gezien. Ik zal Mejufvrouw gezelfchap houden.

ANGELICA.

Pynig u niet, myn Heer; deze beleefdheid kon u kosten....

DEFAUT.

Geenfints, Mejufvrouw. Ik zal u het ongeval verhaalen dat my onderweg overgekomen is.

LISETTE.

Wy zyn niet nieuwsgierig.

DEFAUT.

Weet gy wel, bekoorlyke Angelica, dat uw aanftaande Gemaal zyn arm dacht gebrooken te zyn.

LISETTE.

Welke fchaade zou dat geweest zyn! een éénarmige Procureur! men zou u op de Naamlyst uitgefchrapt hebben.

DEFAUT.

Op myn eer het zou byna gefchiet zyn.... ik heb ten minften wel een maand tyd, eer ik wederom kan fchryven.... het bedroeft my zeer.

LI-

LISETTE.

Uitmuntend! het is een foort van vergelding voor al het kwaad dat gy te vooren gefchreeven hebt. Zo al uw Medegenoten het zodanig hadden, met een goede lammigheid op de tong, zou het arme Menschlyk geflacht veel vreedzamer leven.

DEFAUT, (*Lachende.*)

Ha! ha! ha! Lifette is altoos moeielyk tegen de Procureurs! gy zult u dan nimmer met den Tabbaart veréénigen?

LISETTE.

Neen; het is een natuurlyke afkeerigheid.... maar, om u te betoonen dat wy meer belang in u neemen dan gy zoud kunnen denken, raad ik u, uw arm te laaten verbinden, den yver van het gefprek kon u gevaarlyk zyn.

DEFAUT.

Ik dank u voor die Raad.... daar komt my een beter denkbeeld in de gedachten. Ik gaa myn Proces Verbaal overleezen, en zien of ik niets vergeeten heb. Tot wederziens, fchoone Angelica; ik verzoek vergiffenis, dat ik u met uw Néger alleen laat. Het is een flegt gezelfchap.... maar laat het u niet verdrieten, ik zal dra wederkomen.

ANGELICA.

Neen, myn Heer, overhaast u maar niet.

LISETTE.

Gaat in vrede, myn Heer.... eindelyk heeft hy

ons verlaaten. Vervloekte plaag, ik wensch u voor duizend duivels.

NEGENDE TOONEEL.

ANGELICA, VALERIUS, LISETTE.

VALERIUS.

Ach! myn waarde Angelica! kunt gy de overmaat van kwellingen wel begrypen, die zyn tegenwoordigheid my heeft doen lyden?

ANGELICA.

Ja, Valerius, en ik neem krachtiglyk deel in uw omstandigheid.

VALERIUS.

Ieder woord dat de Procureur tot u sprak was een Poingnard steek, waar mede hy myn hart doorboorden. Ik zou hem de woorden wel hebben willen afbreeken, om hem tot die stilzwygendheid te brengen waar toe ik veroordeeld was.

LISETTE.

Dit zou een daad van verdienste zyn geweest. Maar, waarom heeft Krispyn ook bedacht om u stom en doof te doen zyn?

VALERIUS.

Om dat Mevrouw Simplex my des te minder mistrouwen zou. Daarenbooven, heeft hy my gezegt dat hy een zeker ontwerp in zyn gedachten had voor het welke hy een gunstige geleegenheid

moest

moest afwagten, en dat zulks daar toe aanleiding kon geeven.

ANGELICA.

Ach! Valerius! ik vrees dat onze Liefde ons veel verdriet zal veroorzaaken.....

TIENDE TOONEEL.

ANGELICA, VALERIUS, LISETTE, KRISPYN, (*schielyk opkomende.*)

KRISPYN.

Helaas! alles is verlooren, alles is in een wanhoopende staat. Die Procureur, die vervloekte éénarmige die de Duivel ons gezonden heeft om ons te kwellen....

LISETTE.

Wel nu! die Procureur?

KRISPYN.

Is by Mevrouw Simplex gekomen; hy is aan 't spreeken met haar.....

LISETTE.

Zie daar een groot ongeluk!

VALERIUS.

Maar, wat heeft hy haar dan gezegt dat voor ons zo rampzalig is?

KRISPYN.

Myn Heer! uw veroordeeling, uw Doodvonnis en dat van Mejufvrouw.

ANGELICA.
O! Hemel! Krispyn! gy doet my beeven.
LISETTE.
Kom, spoed u dan, Vogel van kwaade voorzeggingen.
KRISPYN.
Hy zou met Mejufvrouw trouwen zo dra hy van *Turin* weder te rug kwam; hy zegt dat zyn val, die hem noodzaakte zo spoedig te rug te keeren, hem als tot een waarschouwing scheen, om zyn Huwelyk niet langer uit te stellen.
LISETTE.
Een schoone inbeelding!
KRISPYN.
In 't kort, hy wil u binnen drie dagen met zich geleiden, en hy dringt uw Moeder om het Contract nog dezen dag te tekenen.
LISETTE.
Helaas! Zie daar de laatste slag.
ANGELICA.
Ach! Valerius.
VALERIUS.
Ach! myn waarde Angelica, kan 't mooglyk zyn, myn kinderen wat zal 'er van ons worden?
LISETTE.
Helaas! myn waarde Meestresse! gy zult dan Mevrouw de Procuresse worden!

ANGELICA.

O Hemel! ik sterf veel liever!... Ik zal my voór myn Moeders voeten werpen; haar onze liefde belyden, en haar bezweeren....

LISETTE.

Zacht, Mejufvrouw, wilt gy alles verliezen? Als zy weet dat Mynheer een jonger Broeder is, zonder goederen.... Bedenk u wel; laat ons liever de list....

ANGELICA.

Maar, Lisette, ik kan niet besluiten om haar te bedriegen....

LISETTE.

Geen schroomachtigheid, Mejufvrouw. Beginnen wy met het maaken van een Linie van Defensie, Offensief en Defensief. Bedriegen wy Mevrouw uw Moeder, nadien zy bedroogen wil zyn; verdryven wy de Procureur, wyl hy ons mishaagd, en verdeedigen wy onze getrouwen, wyl zy het waardig zyn; wy zullen daar na besluiten; dit is het zekerst: zie daar myn gevoelen.

KRISPYN.

Een uitneemend besluit! uw moed hernieuwd de myne. En ik, Mejufvrouw, geef myn woord van Kapitein en van Krispyn, dat ik een schelm zal weezen, zo ik niet, voor het einde van deezen dag, uw Schip in behouden Haven breng.

VALERIUS.

Kom, myne Vrienden, ik beveel my aan uwe vlyt; zyt verzekert van myne erkentenisfe.

KRISPYN.

Laat ons begaan, myn Heer! ik zal my zodanig aan de Procureur en aan Mevrouw Simplex verbinden, dat ik myn voordeel zal doen met de ligtgeloovigheid van den eene, en de laatdunkentheid van den ander. Gy Lifette zult als hulp troepen dienen en de buiten werken bewaaren, hinderlaagen leggen, en my van alles kennis geeven. Gy myn Heer gelieft my als myn fchaaduw by te blyven; en my in een half woord te verftaan; en gy Mejufvrouw, houd u gereed, en zyt op het minfte teken, behulpzaam aan alle onze onderneemingen.... zie daar geloof ik, alle de posten uitgedeeld; laat de Vyand nu komen wanneer hy wil, wy kunnen den aanval beginnen.

LISETTE.

Zie daar de Procureur en uw Moeder. (*tegen Valerius.*) Kom, myn Heer, word weêr ftom en doof.

ELF-

ELFDE TOONEEL.

ANGELICA, VALERIUS, LISETTE, KRISPYN, Mev. SIMPLEX, DEFAUT.

Mev. SIMPLEX, (*tegen Defaut in 't opkomen.*)

Wy zullen daar van spreeken, myn Heer Defaut.... uw dienares, myn Heer de Kapitein.... wel nu! myn Dochter, wat zegt gy van onze Néger?

ANGELICA.

Niets Moeder.

Mev. SIMPLEX.

Hoe, niets!.... en gy Lisette?

LISETTE.

Waarlyk, Mevrouw, niet veel. Wat wilt gy toch dat men zeggen zal van een man die niet spreekt, en die niets verstaat; dat is verdrietig.

Mev. SIMPLEX.

O zottinnen daar gy zyt! (*tegen Krispyn.*) zy weeten niets.... uitgenoomen als zy voor de Spiegel staan, en zich kleeden, en zie daar alles wat zy kennen.

KRISPYN.

Dat is vergeeflyk, Mevrouw.

DEFAUT.

Ja, Mejufvrouw, heeft zich niet gelyk gy, Mevrouw, in de wonderheden der natuur geoeffend.

ANGELICA.

Hebt gy niets aan my te zeggen Moeder?

Mev. SIMPLEX.

Waar gaat gy heen, Mejufvrouw?

LISETTE.

Wy gaan naar onze kleedkamer.

Mev. SIMPLEX.

Haast u dan wat Mejufvrouw; ik heb u over zaaken van veel aanbelang te fpreeken...... myn Heer Defaut, tracht haar zelf in uw voordeel te beweegen. (*Angelica en Lifette gaan heen. De Procureur volgt hun.*)

TWAALFDE TOONEEL.

Mev. SIMPLEX, KRISPYN, VALERIUS.

Mev. SIMPLEX.

Myn Heer de Kapitein, ik verzoek u om verfchoning voor zyn onbeleefdheid.

KRISPYN

Mevrouw, ik ben uw dienaar.

Mev. SIMPLEX.

Wel nu! wat zegt gy van het geen ik u heb laaten zien?

KRISPYN.

Ik ben 'er u voor verpligt. Op myn Kapiteins woord, ik heb by u zaaken gezien van zulk een fraaiheid!... van zulk een zeldzaamheid!....

Mev. SIMPLEX.

Zonder verwaandheid gesprooken, ik ben wel voorzien. Ik koop dagelyks nog nieuwighedens, en ben altoos in gesprek met Reizigers, om door de verhaalen van vreemde Landen myn kennis te volmaaken.

KRISPYN.

Zie daar het waare middel om volleerd te worden.

Mev. SIMPLEX.

Gy zoud niet kunnen gelooven welken eerbied ik voor zulke lieden heb: zy zien zeer veele dingen, en hun ontmoeten zulke ongemeene gevallen, dat men goed bericht van hun kan ontvangen, en veel daar door leeren.

KRISPYN.

Ontsachelyk!

Mev. SIMPLEX.

O! ik verzuim ook niets......

DERTIENDE TOONEEL.

Mev. SIMPLEX, KRISPYN, VALERIUS, DEFAUT.

Mev. SIMPLEX.

Wel nu, myn Heer Defaut, op welk een wys heeft men u voorftel aangenomen.

DEFAUT.

Mevrouw, my ziende, vond Mejufvrouw Angelica zich een weinig onpasfelyk; zy heeft my verzocht van haar alleen te laaten, en ik heb myn verklaaring tot ftrakjes uitgefteld.

Mev. SIMPLEX.

't Is zeer goed: ik zal zulks op my neemen.... Wel nu, myn Heer de Kapitein, gy vindt myn Kabinet dan?....

KRISPYN.

Dierbaar. in één woord.

Mev. SIMPLEX.

Ieder een zegt het zelfde; maar waarlyk, men moet toeftemmen, dat 'er niets is dat uw Néger overtreft: ik ben 'er door bekoord... Het is nogthans jammer, gelyk myn Dochter zegt, dat hy ftom is, zo hy by voorbeeld, Hollandsch fprak, ieder een zou zich bedriegen.

KRISPYN, *(die tegenwoordig uit alles voordeel zoekt te trekken.)*

Zo hy fprak?... Ja, het zou gelyk gy zegt, wonderlyk zyn.

BLYSPEL.

Mev. SIMPLEX.

Zekerlyk..... vind gy het ook zo niet, myn Heer Defaut?

DEFAUT.

Neen, waarlyk niet, ik vind zulks niet verwonderenswaardig.

Mev. SIMPLEX, *(een weinig geraakt.)*

O! niets verwondert u.

DEFAUT.

Weet gy wel wat ik zou begeeren, en daar ik meerder achting voor zou hebben dan voor al uwe zeldzaamheden?

KRISPYN, *(zoekende de Procureur te beweegen.)*

Zeg het maar myn Heer.

DEFAUT.

Mejufvrouw Angelica, die my een weinig koel fchynt te zyn, herinnerd my dit denkbeeld...... Een zeker geheim dat men eertyds uitgevonden heeft, om zich te doen beminnen van welke perfoon men wil, door middel van een drank..... van.....

KRISPYN.

Een geheim om zich te doen beminnen! een Procureur!

Mev. SIMPLEX.

Dat moet bezwaarlyk zyn!

DEFAUT.

O neen, zo zwàar niet eens, het beftaat uit zekere kruiden.... by voorbeeld, zo gy deze Compofitie weet te maaken, zal u zulks hondertmaal meerder waardig zyn, dan uw Witte Néger.

KRISPYN.

Myn Heer zoud gy een diergelyk geheim wel willen betaalen?

DEFAUT.

Ik zou het wel met gewigt van Goud willen betaalen.... (*ter zyde.*) Dit zou myn zaaken by Angelica op een goede voet kunnen brengeu.

Mev. SIMPLEX.

Ik geloof het wel. Maar, het is onmogelyk.

KRISPYN, (*op een gemaakten toon.*)

Onmogelyk, Mevrouw!

DEFAUT, (*op een hoogmoedigen toon.*)

Vergeef my, Mevrouw. Gy Vrouwen, zyt verwondert over alles, om dat gy niets gezien hebt, maar, ik geloof alles, om dat ik dingen gezien heb die nog zeldzaamer zyn.

KRISPYN.

O! die ziet men dagelyks.

Mev. SIMPLEX.

Nog zeldzamer! dat komt my ongelooflyk voor.

KRISPYN.

Mevrouw! om niet ver te gaan, een Zeeman die reden verftaat, en een Procureur die een geweeten heeft,

heeft, zie daar verfchynzelen, die nog zeldzaamer zyn.

DEFAUT.

Laat ons niet fpotten!.... In myn bediening alleen, heb ik dingen gezien, die wonderlyker zyn, Rechtsgedingen in een wanhoopende ftaat, Procesfen zonder eenige waarfchynelykheid, zonder eenige fchaduw van zeden, maar een kleine vereering, een bezoek op zyn tyd gedaan, een Juweele Ring, in 't kort een bagatel heeft ze doen winnen: hoe veele goederen door een vriendelyk woord behouden! hoe veele Huisgezinnen, door een ftuurs gezicht, te gronden gegaan! dit heb ik alles gezien.

KRISPYN.

Myn Heer de Procureur, heeft gelyk, Mevrouw.

Mev. SIMPLEX.

Ik ftem toe dat een Proces een fchrikkelyke zaak is.

DEFAUT.

Schrikkelyk? wonderlyk, Mevrouw,

Mev. SIMPLEX.

Ja, maar een geheim om zich te doen beminnen!.... Ik zal het niet gelooven voor dat ik zulks gezien heb.

KRISPYN.

O! Mevrouw, dat ziet men overal. Hoe veel Baviaanen hebben zich niet op hun gebod doen beminnen, van de allerfraaifte Vrouwen? In hoe veel takken heeft men dit uitmuntend geheim niet uitgebreid? Den een verblind zyn Minnares door een welgebordurd Kleed; een ander door fraaie Kanten: een Krygsman door zyn Eeden; een Babok door zyn schoone hair, een jonge Abt door zyn vertellingen en verzen: een Koopman door zyn geld; zie daar de gewoone middelen. Mannen en Vrouwen, ieder steld ze van wederzyden in 't werk, de brabbeltaal maakt de verdienste, en de tooverkonst is voor niets.

DEFAUT.

Ha! wonderlyk, myn Heer de Kapitein.

Mev. SIMPLEX.

Maar, dat is dat geheim niet waar van myn Heer Defaut spreekt.

DEFAUT.

Dat stem ik toe Mevrouw; maar de waarheid van het eene, bewyst de moogelykheid van het andere.

KRISPYN.

Zekerlyk. Verder, zal ik u zodanig overtu'gen, Mevrouw, dat gy de zaak aan myn Heer de Procureur zult moeten gewonnen geeven.

Mev. SIMPLEX.

En hoe zou zulks geschieden?

KRISPYN.

Ik heb een ring die my een Mandaryn in *Cina* vereert heeft, die tweederley kracht bezit, te weeten de geen die hem aan de vinger heeft, verlieft

te

te maaken, en een stomme te doen spreeken....
vooral in Vrankryk. Want gy weet dat hier verliefd te zyn en te zwygen, een onmogelyke zaak is.

Mev. SIMPLEX.

Ha! myn Heer de Kapitein, dat is een onwaardeerbre schat.

KRISPYN, (*hem uit zyn zak haalende.*)

Hier is de Ring, Mevrouw. Hy schynt op 't oog van geen groote waarde; maar geloof vry dat hy dierbaar is.

DEFAUT, (*op een verzekerende toon.*)

Hoe! daar is geen Juweel die deze ring in waarde kan overtreffen. (*ter zyde.*) zo ik hem machtig kon worden, zou Angelica hem op trouw ontvangen.

KRISPYN.

Ik heb dikmaals zyn kracht beproefd.

DEFAUT.

Parbleu! ik zou wel nieuwsgierig zyn om dat te zien.

KRISPYN.

Dat kan terstond geschieden. Wild gy de proef aan u zelf neemen? Wild gy verlieft worden?

DEFAUT.

Ik! ik ben het al zodanig als men het zou kunnen weezen.

Mev. SIMPLEX.

En daarenboven, zyt gy niet stom; ik zou gaar-

50 DE WITTE NÉGER,

gaarne die twee krachten te gelyk willen zien.....
maar, zie hier een fchoone geleegenheid! uw Witte Néger, die niet fpreeken kan....

KRISPYN, (*op een koele wyze, om nog meerder begeerten te verwekken.*)

Myn Néger!

Mev. SIMPLEX, (*die hem gelooft moeielyk te zyn.*

O! myn Heer wy zullen zeer aan u gehouden zyn; gy kunt het ons niet weigeren; ik wil my zelf dat vermaak geeven. Nader, Jonkman.... (*zy doet een teken aan Valerius.*)

KRISPYN, (*haar weêrhoudende.*)

Zeer gaarne.... maar, gy wild hem verliefd doen worden? en op wien?.... op u?.... de eerbied...

Mev. SIMPLEX, (*op een gemaakte toon.*)

Op my! ô, neen: maar ik zal Lifette roepen.

KRISPYN.

Neen zeker niet.... men moet altoos de evenredigheid in acht neemen.... ik heb u gezegt dat hy de Zoon van een Koning van dat Gewest is, en een Kamenier.... gy begrypt wel.... roep uw Dochter, en gy zult het uitwerkzel zien.

DEFAUT.

Myn Heer de Kapitein heeft gelyk.

Mev. SIMPLEX.

Het is wel dan.... Angelica! Angelica! (*zy gaat naar*

naar de Deur om Angelica te roepen, en Defaut volgt haar.)

KRISPYN, *(terwyl hy met Valerius alleen voor op het Tooneel is, zegt schielyk tegen hem.)*
Gy weet nu wel wat u verder te doen staat?

VALERIUS, *(tegen Krispyn.)*
Ontrust u maar niet.

DEFAUT, *(voor op het Tooneel komende.)*
Ha! Parbleu, wy zullen braaf moeten lachen.

Mev. SIMPLEX.
Myn Dochter zal zeer verbaasd zyn.

KRISPYN.
Dat is een zekere zaak.

VEERTIENDE en LAATSTE TOONEEL.

Mev. SIMPLEX, DEFAUT, KRISPYN, VALERIUS, ANGELICA, LISETTE.

Mev. SIMPLEX.
Kom haastig, Angelica, stel u daar, en spreek geen enkel woord; gy Lisette, ziet wel toe; en gy myn Zoon, nader. *(Zy steekt de Ring aan de vinger van Valerius.*

LISETTE.
Welk een Cermony is dat, Mevrouw?

KRISPYN, *(tegen Lisette.)*
Houd u stil.

Mev. SIMPLEX.

Houd u alle ftil, en hoord. (*Zy vestigen alle de oogen op Valerius, die trapswyze fchynt aangemoedigt te worden, door verfcheiden beweegingen, die de hartstocht die hem bezield te kennen geeven. Hy wend eindelyk zyne oogen met vervoering naar Angelica, en werpt zich aan haare voeten.*)

VALERIUS, (*aan de voeten van Angelica.*)

Beminnelyk voorwerp!....

ANGELICA, (*veinzende niet te weeten hoe zy deze zaak moet opneemen, fpeeld den verbaasden.*)

O! Hemel! Moeder!....

LISETTE, (*op dezelve wyze.*)

Ach! wat is dat!

Mev. SIMPLEX, (*verheugd.*)

Ha! myn Heer de Kapitein, dat is een wonderlyke zaak!

KRISPYN, (*tegen de Procureur op een gemaakte toon.*)

Wel nu, wat zegt gy daar van, myn Heer de Procureur?

DÉFAUT, (*met een overtuigd doch geen verwondert gelaat.*)

Dat die..; zie hier waarlyk het geen ik wilde zeggen. (*tegen Mev. Simplex.*) Gy ziet nu wel Mevrouw

vrouw wat de kennis is..... ik zei het u wel, daar is niets dat onmoogelyk is.

ANGELICA, (*die nog niet bedaard veinst te weezen.*)

Maar, Moeder....

Mev. SIMPLEX.

Laat hem begaan, laat hem begaan; het is de Ring; ziet gy dat niet?... het is een wonderwerk! (*tegen Valerius.*) zeer goed myn Zoon, vervolg.

VALERIUS, (*aan de voeten van Angelica.*)

Welk een boovennatuurlyk vermogen, of welk een zoete beguicheling doet my uw tegenwoordigheid fmaaken, terwyl het denkbeeld van een geluk, dat tot dit oogenblik onbekend in myn ziel heeft geheerst, zich bewoogen voeld, door de tederfte aandoeningen; en myn tong (de getrouwe uitlegger van myn Hart) noodzaakt om die zachte ftreelingen, die my uw byzyn inboezemd, uit te drukken.

DEFAUT, (*verrukt.*)

Wel de Drommel! hy fpreekt geleerd.

ANGELICA.

Moet ik hem ook antwoord geeven, Moeder?

Mev. SIMPLEX.

Ja, laat ons eens zien.... (*tegen Valerius.*) Staat op Jonkman.

ANGELICA

Myn Heer, ik ben verbaasd van u zo vrymoedig te zien, om in het byzyn van myn Moeder de verklaaring te doen, van een hartstocht die ons beiden beleedigd, en ik.....

Mev. SIMPLEX.

Hoe nu! wild gy hem bekyven?

KRISPYN.

Ha! Mejufvrouw!

LISETTE.

De arme jonge! zie, gy hebt hem geheel ontfteld gemaakt.

DEFAUT.

Dat is, op myn eer, ongelukkig; het ging zo wel!

KRISPYN.

Hy zal weêr op nieuws beginnen, zo gy wilt.

Mev. SIMPLEX.

Ik kan het waarlyk niet begrypen.

DEFAUT.

Myn Heer de Kapitein, zo gy u van deze Ring ontdoen wilt, kunt gy my vraagen wat gy maar begeert.

KRISPYN.

Myn Heer, het is het belang niet dat my beftuurd. Ik heb twintigmaal voor ééns gelegenheid gehad; waar het myn zin geweest, zou ik 'er fchatten voor hebben kunnen ontvangen.

DEFAUT.

Hoor eens. Ik heb hier een Juweel dat duizend Guldens waardig is; het is al fchoon wat men zien kan;

kan; zo ik 'er u dienst meê kan doen; zie deze ring voor den uwen geoffert.

KRISPYN, (*de ring aanneemende.*)

Myn heer, ik kan u niets weigeren. De Ring behoort aan u; ik draag dezelve aan u op.

DEFAUT.

Ik ben 'er u van harten dankbaar voor. (*tegen Valerius.*) Geef, myn Zoon, geef my uw hand. (*Hy wil zyn hand neemen, doch Valerius trekt hem te rug.*)

VALERIUS.

O, Hemel! wat stelt gy my voor! hoe! zou ik u dezen Ring geeven waar van het geluk myns levens afhangt! die Ring, die my het gebruik van myn hart en myne spraak gegeeven heeft: die Ring, aan welke ik een Liefde verschuldigd ben die my dierbaarder is dan my zelven! neen, wreede, hoop dat niet; ik zal hem niet afstaan dan met myn leven.

LISETTE, (*maakende geduurig den verbaasde.*)

Zie hier wel wat anders!

Mev. SIMPLEX, (*verrukt over dit wonder.*)

Hoe langer hoe beeter, myn Heer de Kapitein.... men zou zeggen dat hy in ernst verliefd was.

DEFAUT, (*tegen Krispyn.*)

Kom myn Heer de Kapitein, neemd gy hem dan.

VALERIUS, (*tegen Krispyn, die naar hem toekomt.*)

Wreede! wat heb ik u gedaan? welk een ontaart vermaak vind gy in my ongelukkig te maaken? denkt

56 DE WITTE NÉGER,

dat als gy my deze Ring ontneemd, gy my daar mede ontrukt al wat my dit leven kan aangenaam maaken? myn liefde en het vermogen om dezelve uit te drukken. (*Hy werpt zich aan de voeten van Mev. Simplex.*) en gy onrechtvaardige Moeder, vernoeg u met myn vryheid, ik offer ze u op, alzo ik ze niet kan bewaaren; de bekoorlykheid van uw Dochter houd my in een flaverny die my duizendmaal meerder waardig dan myn hart is.

LISETTE, (*veinzende ten uiterfte bewoogen te zyn.*)

Ach! Mevrouw, hy doorboort my het hart.

Mev. SIMPLEX, (*ter zyde.*)

Wat is het ongelukkig dat hy een Néger is!.... waarlyk, myn Heer de Kapitein, dit gefprek beweegd my.... en gy Angelica?

ANGELICA.

Myn waarde Moeder, ik ben geheel bewoogen.

KRISPYN.

En ik, (welk een Zeeheld ik ook ben,) moet bekennen dat deze arme Jongen my medelydend maakt.

DEFAUT.

Medelydend!.... hoe zullen wy het maaken? ik ben nochthans zeer begeerig om de Ring te hebben.

KRISPYN.

Hoor, ik heb een middel bedacht.

DE-

DEFAUT.

Laat ons hooren.

KRISPYN.

De zaak is om hem te verplichten de Ring aan u te geeven; dezelve verliezende, zal hy weder ftom en doof worden; ftel u eens in zyn plaats, dan kunt gy zyn fmert befeffen! om hem dan gedwee te maaken, dat hy u zodanig een opoffering doet, moet men zich daadelyk van zyn geſteldheid bedienen; hy bemind Mejufvrouw; bedien u van deze voorbygaande liefde om hem te bedriegen; ftel hem voor, haar te trouwen; zyn hartstocht zal hem verblinden, en hy zal alles toeſtemmen, uit vrees van zyn Minnares te verliezen.

DEFAUT.

Gy hebt gelyk; dat is zeer wel verzonnen.

Mev. SIMPLEX.

Maar, ik zal myn toeftemming daar niet toe geeven.

KRISPYN, (*tegen de Procureur.*)

Kom, myn Heer, het ftaat thans aan u, om Mevrouw over te haalen dat zy toeftaat......

DEFAUT.

Hoe! ik?

LISETTE.

Ja myn Heer. De zaak is thans te bedriegen; gy moet dubbeld in bediening zyn, als Minnaar en als Procureur.

DEFAUT.

Wel aan dan! Mevrouw, ik bid dat gy u aan zyn zwakheid onderwerpt; geef my die voldoening dat.....

Mev. SIMPLEX, (*tegen Valerius.*)

Wel nu myn Zoon! gy bemind myn Dochter? Ik sta u toe dat gy haar trouwd, op die voorwaarde dat gy de Ring zult wedergeeven? Zyt gy te vreden?

VALERIUS.

Ach! Mevrouw, wat zou ik niet voor de bezitting van haar hert willen geeven! verwaardig my uw beloften door een geschrift te bevestigen.

Mev. SIMPLEX.

Hoe! door een schrift?

KRISPYN.

Ja, gy waagd 'er immers niets by?

LISETTE.

Zonder twyfel. Denk ook dat hy weêr stom zal worden.

DEFAUT.

En boven dat alles, zo hy spreekt, zullen wy hem een Proces aandoen.... Maar zacht.... Daar komt my een heerlyk denkbeeld in de gedachten; in de plaats van een Contract, zullen wy een Dedit of herroepschrift maaken; dit geeft stof tot verwarring.

KRISPYN.

Ja, een Dedit, dat is wonderwel bedacht! en om Mevrouw te verzekeren, zult gy vastigheid geeven den een voor den ander.

DEFAUT.

Hoe! vastigheid?

KRISPYN.

Laat my begaan.... en om uw beiden te verzekeren, zal ik my zelf met uw Dedit belasten, en ik zal u uwe Ring tot onderpand geeven.

DEFAUT.

Op myn eer, Mevrouw, men kan niet eerlyker; Schryf; ik zal u voorzeggen. (*Hy spreekt. Mevrouw Simplex schryft.*) Wy Blasius Innocentius Defaut, Procureur: en Mevrouw Weduwe Ildefonse Modeste Simplex van de eene zyde.... (*Het overige stil.*)

LISETTE, (*tegen Valerius, terwyl men het Dedit schryft.*)

Kom aan myn Heer, hou moed, men steld de Articulen tot de Capitulatie reeds op. Gy zult welhaast van de vesting meester zyn.

Mev. SIMPLE, (*na dat zy het Dedit geschreeven heeft, het zelve aan Krispyn geevende.*)

Zie daar is het myn Heer.

KRISPYN, (*geevende de Ring aan de Procureur.*)

En zie daar het Juweel.

Mev.

Mev. SIMPLEX, (*tegen Valerius.*)

Wel nu myn Zoon! zyt gy voldaan?

VALERIUS.

Ach! Mevrouw! ik ben ten top van myne wenschen. Myn waarde Angelica, welk een geluk! Myn Heer, zie hier uw Ring.

DEFAUT, (*de Ring met drift aanneemende.*)

Laat ons het uitwerkzel eens zien.... Wel nu myn Zoon! gy zegt dan dat.... hy zwygd! ha! Parbleu! dat is heerlyk! (*tegen Mevrouw Simplex.*) Wel nu Mevrouw! ik wil wedden dat gy noch verwondert zyt.

ANGELICA, (*werpt zich aan de voeten van Mevrouw Simplex.*)

Ach! myn waarde Moeder!

VALERIUS, (*zich mede aan haar voeten werpende.*)

Ach! Mevrouw! zult gy ons de list vergeeven die de liefde ons ingeboesemd heeft?

DEFAUT, (*ten uiterste verwonderd.*)

Hoe! hy spreekt!

LISETTE, (*spottenderwyze.*)

Hoe! verwondert u zulks?... ha! dat zal dan de eerste keer zyn!

Mev. SIMPLEX.

Wat wil dit zeggen, Angelica?

KRISPYN

Mevrouw, ziet hier in weinig woorden, de gantsche zaak. Myn Heer is een Witte Néger van *Parys*

rys, een braaf Edelman, en verliefd op Mejufvrouw uw Dochter; ik ben een Spanjaard van Vaugirard; Lisette heeft my Kapitein gemaakt; en de liefde en het geval hebben het overige volvoerd.

DEFAUT, (*toornig.*)

Ha! bedriegers! schelmen!

Mev. SIMPLEX.

Dit is te zeggen, myn Heer Defaut, dat wy bedroogen zyn?

LISETTE.

Bedroogen! neen, Mevrouw, gy doet een goede zaak, en wanneer gy by deze koop niets wind, dan een weinig beter van de Zwetzers onderricht te zyn, en het geluk van twee Persoonen volmaakt te hebben, is zulks twintigmaal meerder waardig, dan de kracht van de Ring die gy beklaagd.

DEFAUT.

Hoe, Parbleu! zal men een Procureur bedriegen!

Mev. SIMPLEX.

Wel aan myn Heer Defaut, geef my raad, gy ziet myne ontsteltenis.

DEFAUT.

O het is treffelyk Mevrouw. Zie hier de schoone vrucht van uw nieuwsgierigheid... met uwe Witte Néger!

Mev. SIMPLEX.

Gy zyt het eerder, met uw doordringend verstand

stand, en uw dwaasheid om u te doen beminnen...
met uw toverkonstige Ring!

DEFAUT

Wel nu, daar is nog niets bedorven. Wy zullen hun een Proces aandoen, en 'er om plyten....

KRISPYN.

O! wy hebben uw Dedit.

Mev. SIMPLEX.

Ja, dat is nog een wonder van uw uitvinding; maar gelukkiglyk, gy zyt het onderpand, daarom schikt u.

DEFAUT.

Parbleu, Mevrouw! gy zult het zelf moeten betaalen; gy hebt het getekend: dat zal u in 't vervolg leeren uw tyd niet by uw Schelpen en Zeegewassen te verkwisten, in plaats van op uw Huishouding te denken.... Ik heb u wel voorspeld, dat uw ligtgeloovigheid u schadelyk zou zyn; maar gy wilde de Geleerden speelen....

LISETTE, (om de toorn van Mevrouw Simplex op te wekken.)

Ha! ha! Mevrouw.

Mev. SIMPLEX, (met verachting.)

Ja, myn Heer Defaut, neemt gy de zaak op deze wys op? Wel nu, versta dan dat ik niets te doen heb met uw raad, en dat ik zo veel op myn schelpen zal denken, als het my behaagt; en om u te be-

bewyzen dat ik met uw ſtreeken lach, ſtem ik in
't Huwelyk van myn Dochter, en myn Heer!

VALERIUS.

Ach! Mevrouw, welk een onwaardeerbaare
gunst!

ANGELICA.

Ach! Valerius!

KRISPYN *en* LISETTE.

Vivat, Mevrouw Simplex!

DEFAUT.

Zeer goed! maar deze zaak is nog niet afgedaaan.
Ik vertrek naar *Turin*; maar zal 'er een goed Proces tegens u allen opmaaken, en wy zullen eens zien
of de Witte Négers de gek zullen ſteeken met de
Procureurs. Vaar wel.

LISETTE.

Geluk op uw reis! Myn Heer Defaut! maar neem
toch vooral geen Draagſtoel.

Mev. SIMPLEX, (*tegen Valerius.*)

Gy, myn Heer, zult om my ſchadeloos te ſtellen
voor de Pots die gy my geſpeeld hebt, voor het
minst, uwe Reizen verhaalen.

KRISPYN.

Zeer wel.... De eerſte dag naar de voltrekking
van het Huwelyk.

E I N D E.

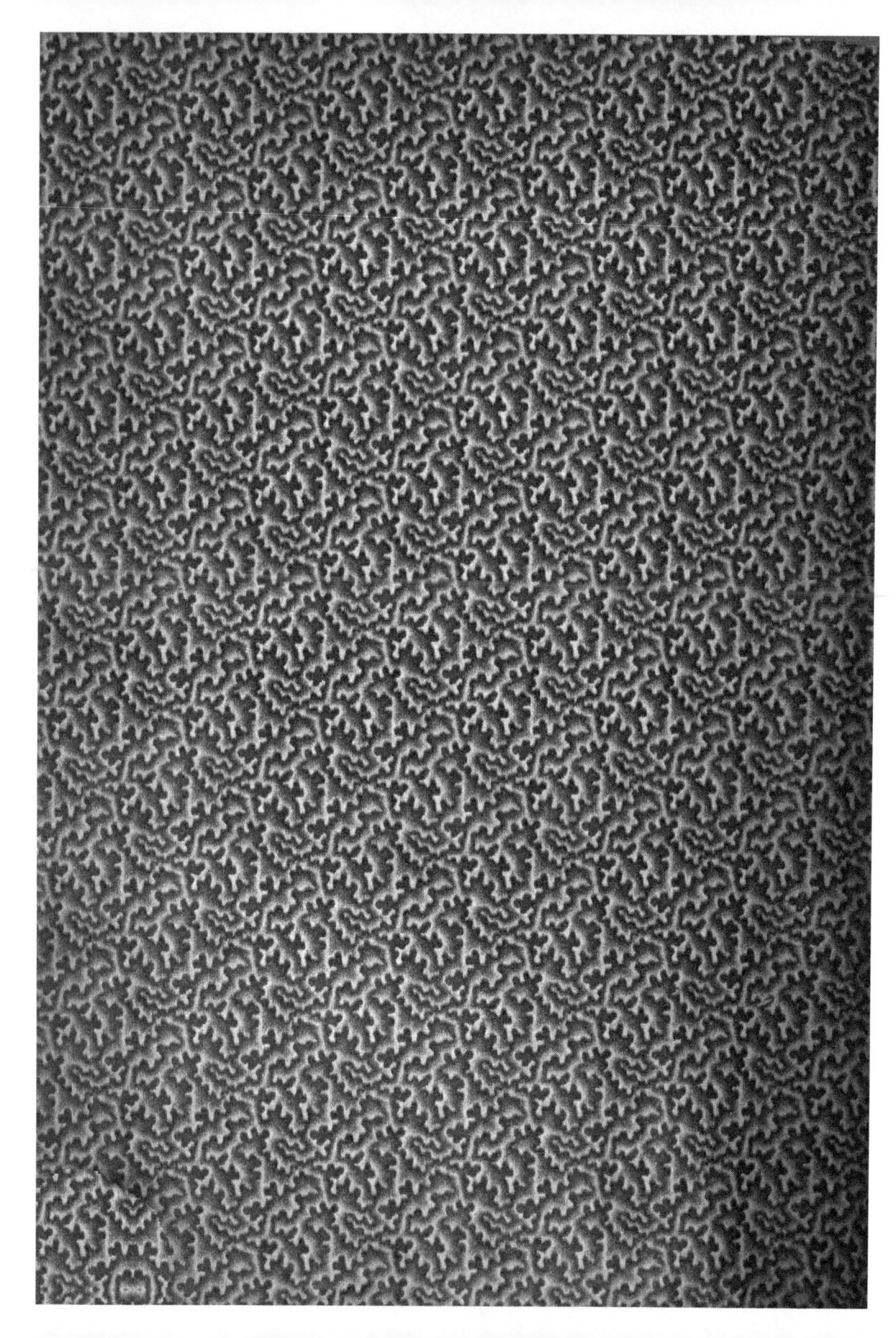

Milton Keynes UK
Ingram Content Group UK Ltd.
UKHW051137270924
448839UK00006B/28